„Was nun? Wie der wenigen Zeit,
die fürs Leben noch bleibt,
um lebendig zu sein, einen Sinn
geben? Ist Verse schreiben vielleicht
noch erstrebenswert, neu?
Ja, als Abenteuer, als letztes,
das mich weiter (wohin nur?) führe
und.....Vermächtnis sei........“

Remo Fasani (1923-2011)
aus den „Novenari“

Zu diesem Buch

Im ersten Teil der Gedichte stehen lebendige Bilder und Begegnungen im Jahreslauf im Mittelpunkt, die an herausgegriffenen Beispielen Wunder der Natur in den Vordergrund stellen, um dann in einem zweiten breiter angelegten Teil die Rückkehr und Antwort auf die letzten Dinge zu beschreiben, die unseren Blick auf Abschied, Vergänglichkeit und Tod richten. Die Mitteilungen darüber sind oft wie ein Gespräch über diese Inhalte. Wie das zu Ende gehen eines Weges erleben wir die verschiedenen Stationen einer Welt, die uns erwartet, wenn die Reise hier ihren Abschluss findet.

Der Autor

Wolfgang Rinn, geboren 1936 in Tübingen, war viele Jahre als Sonderschullehrer in der Behindertenarbeit tätig und lebt heute in Reutlingen. Seine ersten dichterischen Versuche reichen in das Jahr 1992 zurück. Der Autor schrieb zunächst Sonette, löste sich aber später von gebundenen Formen.

1998 veröffentlichte er seinen ersten Lyrikband, dem in den Jahren danach weitere folgten. Heute ist er mit seinen Gedichten in zahlreichen Anthologien, Tageszeitungen, Zeitschriften und im Internet vertreten. Die Themen kreisen um Sterben und Tod, aber auch Tier-, Blumen- und Landschaftsgedichte hat Wolfgang Rinn geschrieben. Im Jahr 2017 erschienen meditative Betrachtungen zu einem Kreuzweg mit 15 Stationen in Metzingen/ Württemberg, Texte zu Keramikbildern in Ton von Schwester Caritas Müller, einer über die Landesgrenzen hinaus bekannten Künstlerin und Dominikanerin aus dem Kloster Cazis in der Schweiz.
Die 2017 und 2018 zuletzt veröffentlichten Lyrikbände haben die Welt der Vögel, das Weihnachtsgeschehen und den Abschied vom Leben zum Thema.

2018 erhielt Wolfgang Rinn den 1. Preis beim 4. Bubenreuther Literaturwettbewerb mit dem Gedicht „Abschied" (siehe Seite 71).

Wolfgang Rinn

Ich sehe dich den Weg zu Ende gehen

Gedichte

Satz und Layout: Jochen Bohnen
Bildnachweis: Coverbild undTitelblatt gemalt von Peter Tress
Seite 5 und 64 nach einem Foto von Petra Rinn
Herstellung und Verlag: BoD - Books on Demand, Norderstedt
ISBN 9783751973168

Weg der Gedichte

Immer mehr muss ich erkennen,
dass meine Gedichte Briefe sind,
die ich versende,

gleich einer Flaschenpost
an einem fernen Ufer landen,
um einen Freund zu finden,

doch oft auch nicht
und einsam ihre Wege gehen,
als eine Wanderschaft
in unbekannte Ferne.

1. Teil

Lebendige Bilder und Begegnungen
im Jahreslauf

Ich habe einen Baum gepflanzt

Ich habe einen Baum gepflanzt
und mit ihm still Gedenken
in Erde tiefem Grund versenkt,
wo neues Leben
unaufhaltsam keimt,
und schaffend, drängend,
hellem Sonnenlicht
entgegen strömt,
bis dann ein groß Erwachen
Maß der Ewigkeit
im Auferstand'nen widerspiegelt,
geheimnisvoll Verborgenes
in strahlend Leuchtendes verwandelt.

Glücksempfinden

So vogelfederleicht hüpfst du
mit deinen zarten, feinen
Beinchen
auf Tasten, die
in meinem Innern wartend ruhn,
und siehe da, sie fangen an zu
klingen:

Mit dir ergreift
in hellem Jubilieren
der Töne Überschwang
den weiten Umkreis,
und steigend in die Lüfte
vereinigt er sich
mit des Lichtes hellen Strahlen,
die frühen Morgen künden
und neuen Anfang wagen.

Darüber lebt ein
Glücksempfinden
von nun an in uns allen fort,
singend, klingend als ein
Zauberwort.

Frohe Botschaft

Was ist das nur,
dass so viel Flattergeister
sich dem Sonnenlicht vermählen,
auf einem Baume
Zuflucht suchen,
den ich jüngst gepflanzt,
aufsteigend dann
in helle Himmelshöhn
und wiederkehrend
wie aus innerm Drang,
verkündend Lebenslust
im frohen Miteinander,
gleich einer Botschaft,
die für uns bestimmt
und wachruft
inneres Empfinden,
seither verborgen,
unsichtbares Streben,
doch nun erfüllt
als Glückserleben?

Indem wir diesen Zustand
hier beschreiben,
kann jene Frage
ohne Antwort bleiben.

Dieses Rot

Sommersonnenglanz
im goldenen Garbenfeld,
wie leuchtest du auf
in der Mittagsglut,
dazwischen aber dieses Rot
als heller Farbklang
blühend einverwoben.

Es ist, als hättest du
auf mich gewartet,
mir diese Botschaft zu verkünden,
die meiner Seele freudiges Erwachen
mit bleibender Bewunderung erfüllt.

Mohnblume, leuchtend Wesen,
bist nicht mehr wegzudenken
aus der Blütenpracht des Sommers,
dein Bild wird mich begleiten,
so wie ein Freund
dem andern nahe ist.

Leuchtendes Mohnrot

Wo kann ich sonst dies Rot erleben,
das uns in seiner Einzigartigkeit
in strahlend hellem Leuchten
des Sommers goldene Felder schmückt?

Wenn des Windes sachtes Wehen dann
die Blütenblätter leicht erzittern lässt,
erwacht in mir
ein stilles Glücksempfinden
und Staunen über solches Leben.

Und immer wieder dieses Rot
als Farbklang weithin sichtbar,
dazwischen ein Kornblumenblau.

Weg ans andere Ufer

Ich sehe dich am Ufer stehn,
und wie im Weggehn
mir den Rücken zugewandt,
vor dir die weite Wasserfläche,
von sanften Wellen sacht bewegt,
als wolltest du hinüberschreiten
ans andre Ufer, das dich
wortlos zu erwarten scheint.

Mein Blick, er wird
zum scheuen Wegbegleiter
und folgt dir staunend,
wie unmerklich du entschwindest,
Gewesenes hinüberträgst.

Und im Entfernen
wird dein lebend Bild
von Wassers Fläche aufgesogen,
verwandelnd sich in einen Spiegel,
der Himmels Bläue
schimmern lässt.

Das ist dann alles,
was mir von dir bleibt,
wenn ich, dich suchend,
immer wiederkehre,
an Sees Ufer stehend
meine Blicke träumend
gleiten lasse
weit übers stille Wasser hin,
das Nah und Fern
in Frieden dauerhaft vereint.

Herbstwald

Heute zeigt er sich
von einer andern Seite,
der buntgefärbte Wald,
wenn Herbstwind
an den Bäumen rüttelt
und Regentropfen
auf dem Blätterdach
eintönig ihre Lieder singen,
fern der Menschen
und ein Spiel der Elemente
im Gang der Jahreszeit.

So bleibt die Bank am See
für diesmal unbesetzt,
doch Wartenden
die Hoffnung
auf neue Wiederkehr.

Novemberschatten

Novemberschatten,
graue, stumme Wesen,
begleiten meinen Weg.

Erschienen unbemerkt
gleich einem Nebeltag,
der viel verbirgt,
niemanden fragt.

Namenlos ich mittendrin
als einer,
der dem Ende nahe,
indem er weggeht,
hinter sich
die Türe schließt
und leise Abschied nimmt
von allem, was gewesen.

Schneeflocke reines Weiß

So weiß und rein dein Kleid,
unendlich leicht und schwerelos,
wenn du herabsinkst
neu und tausendfach
und als des Himmels Abbild nun
der Erde einverwoben bist.

Wie aufgelöst in nichts,
so will es uns erscheinen.

Doch hast in deinem
Abwärtsschweben du
ein Bild zurückgelassen,
gleich einer Botschaft,
die aus Himmelshöhn
sich unserm Dasein still
und unvermerkt vereinen will.

Zur Weihnachtszeit

Die ihr euch einig seid,
ursprüngliches Geschehen
dem Eigennutz zu opfern.
Ich spüre euern Widerstand,
wenn ich es wage
Worte und Gedanken auszusprechen,
die euer Tun in Frage stellen,
statt dessen hinzuweisen
auf das große Wunder
wie geschrieben steht:
Geburt des Gotteswesens
und Menschheitsweg zugleich.

Die Armut, die euch fremd geworden,
und mit ihr einzigen Sternes Leuchten,
die standen einst am Anfang,
vieles aber ist inzwischen
zum äußeren Schein geworden,
der mehr und mehr
den Hintergrund verblassen lässt.

Ich habe euch gesagt, was mich bewegt,
wie viele werden es wohl sein,
die nicht nur hören,
sondern still den Weg nach innen suchen,
um dort das wahre Licht zu schauen?

Botschaft der Krippenfiguren

Vollendet ist der Weg,
der immer wieder zu uns führt.
Wer euch in stiller Einsamkeit
begegnete, hat bald gespürt,
wie ihr ein Licht
in diese Welt getragen,
das uns verstummen ließ
mit unsern Fragen.

So haben eure Botschaft
wir vernommen,
die aus des Himmels Höhen
ist herabgekommen,
verkörpert in dem Krippenkind,
das zu uns finden möge
hier auf Erden
und allen ein Erlöser werden.

Nun habt ihr
euern Heimweg angetreten,
um binnen Jahresfrist
den Ort von neuem zu betreten,
der zweite Heimat
euch geworden ist.

2. Teil:

Rückkehr zum Ausgangspunkt und Ausblick auf die letzten Dinge

1.
Liebendes Gedenken

Zweisamkeit

Im tiefsten Innern
hast du auferbaut
ganz unbemerkt
dein Seelenhaus.

Und immer wieder
darf ich spüren
vertrautes Gegenüber,
wenn du
durch liebevoll Berühren
so ganz
in meiner Nähe bist.

Dein Auge ruht auf mir,
wenn du
mich treu geleitest
und fernerhin
auf meinem Weg begleitest.

Wir zwei und
was wir uns bedeuten,
braucht keiner sonst
zu wissen, es wird,
auch wenn für uns allein
auf künft'gen Wegen
bei uns sein.

Neues Wiedersehen

Ich sehe dich den Weg
in weite Ferne gehn,
und eines Tages werd' auch ich
an jenem Orte stehn,
der weiterführt
und deinen Spuren folgt,
bis dann
ein neues Wiedersehn erfolgt,
doch unter einem andern Zeichen
als wie bisher
in uns bekannten Reichen,
wo Wunschgedanken in uns lebten
und Wiederholung
des Gewesenen erstrebten.
Vielmehr wird uns
ein großes Ziel vereinen,
weit über dem,
was wir zu kennen meinen.

Letzter Atemzug

Wie wird das sein,
wenn ganz zum Schluss
dein Atem sich
dem Luftstrom anvertraut,
der so viel Jahre schon
als Lebensspender dich umgibt,
dein Dasein treu begleitet hat,
und wie zum Abschied nun
ein letztes Bild
den Rückblick dir gewährt
und alles was gewesen,
jetzt aber mehr und mehr,
von Dunkelheit umwölkt,
in die Vergangenheit versinkt,
du aber neues Land betrittst.

Unverlierbar

Nun bist auch du gerufen worden,
hinweg von deinen Lieben,
frei schwebt die Seele jetzt
an andern Orten,
wenn wir verlassen sind
und hier zurückgeblieben.

Doch bist du für uns da
und immer wieder seltsam nah,
zwar nunmehr auf ganz andre Weise,
es ist als ob behutsam und sehr leise
sich öffnet unsres Herzens Tür,
und wir Empfang bereiten dir,
obgleich du weggegangen,
und Liebe bleibt ein Brückenglied,
auf dem wir miteinander wandeln,
und Traurigkeit wird mehr und mehr
in Freude sich verwandeln,
je öfter wir begegnen uns
und auch in große Dankbarkeit,
für das was einst gewesen.

Am Grabe stehend

Du hast gewusst und auch gesagt,
dass ich allein es bin,
der deinen Spuren folgen wird,
da du nun Abschied nimmst.

Noch ist das Erdenkleid mein Teil,
indes du dich, verwandelt,
in lichten Höhen wieder findest,
und immer wieder nahe mir,
sofern aus einer andern Welt
die Botschaft mich erreicht
von deiner neuen Heimat,
in der du dich jetzt befindest,
die auch die meine sein wird,
wenn hier der Weg zu Ende.

Wieder vereint

Nah und ferne
sind in dir eins geworden,
seitdem du weggingst
in eine neue Heimat.

Und wenn du mir begegnest,
ist das wie wenn
ein Spalt sich öffnet
aus jener Welt,
der du jetzt angehörst.

Du redest nicht mehr
wie wir Menschen tun,
und doch wird Mitte spürbar,
die mich zu sich hineinnimmt
als Anteil deines Wesens.

So sind wir wiederum vereint,
gemeinsam unser Streben
nach jenem andern Sein,
dem nunmehr wir entgegen leben.

Letzte Schritte

In der Nachfolge wählte ich Schritte,
die einst die deinen waren
und wohl die letzten,
so weit ich mich entsinne,
bevor du jenen Weg gegangen bist,
der über eine Grenze führt
hinüber in ein anderes Land
und sichtbar werden ließ
dein sehnliches Verlangen,
das mehr und mehr
ein Teil von dir geworden ist.

Stilles Gedenken

Es ist nur eine kleine Brücke,
die mich zur Bank am See hinführt,
wo oftmals ich gesessen
und still an dich gedacht,
indem ein Purpurrosenglanz
dein Bild umwölkt,
auf Wassers Fläche friedlich ruhend,
ein Zeichen für den Weg mir sendet,
den du gegangen bist,
hinweg in eine zweite Heimat.

Deine Wesenheit

Du bist begegnet mir
auf Schicksalswegen
wie eine Frage,
die auf Antwort wartet.
Wer du wohl sein magst
und woher gekommen?

Ich will versuchen
jenen innern Kern zu finden,
der mehr und mehr
enträtselt deine Wesenheit
als Abbild eines höhern Ich.

Das wird einst sein,
wenn sich die Seele löst,
von dem was irdisch ist
und sie gefangen hält,
bis Erdenschwere überwunden.

2.
Lebensbuch

Biographie

Aus Wesens Tiefen
öffnet sich dein Lebensraum,
und Schritt für Schritt
beginnt die Wanderschaft
in unbekannte Ferne.

Der Weg eröffnet dir
ein weites Umfeld,
und Kindheit wandelt sich
unmerklich, indem du
vorwärtsschreitest.

Die Sicht wird frei,
die dann Gewesenes
als Führung und Geleit
von höhern Wesen
kann erkennen, in Richtung
auf ein vorbestimmtes Ziel.

Namenlos

Verschieden sind die Tempi
der Zeiger einer Uhr:
Minuten-, Stunden-
oder gar Sekundenzeiger.
Sie alle weisen in die Zukunft,
die auch die deine sein wird
mit unbekanntem Ziele.

Du stehst und schaust
und kannst es nicht ergründen,
wie irgendwann
das Maß der Stunden
dem Menschenleben Grenzen setzt
und du zurückbleibst,
namenlos im weiten Umkreis,
der schweigend dich empfängt
im Strom der Zeit,
sich über dich hinwegbewegt,
indem er deine Spuren mit sich nimmt.

Gesprächsverlust

Bisher verborgen
tritt aus mir hervor
ein Wesen, das
nach Worten sucht,
um ein Gespräch zu führen.

Die Frage ist wo bleiben sie,
wenn sie den Weg
nach außen finden,
um andern zu begegnen?

Des Lebens Wellen
fluten unaufhaltsam,
und Traum einer Hoffnung,
die vergeblich war,
erlischt gleich einer Flamme,
die keine Luft zum Atmen findet.

Werden und Entstehen

Vergebens such' ich zu ergründen,
was tief in mir im Innern lebt,
und lange schon wünscht' ich zu finden,
wer dort mein äußeres Schicksal webt.

Verborgen bleibt mir
diese unbekannte Quelle,
doch ihre Wasser strömen immerfort
dem Licht entgegen,
gleich einer nimmermüden Welle,
die sich bewegt auf altvertrauten Wegen.

Ich stehe staunend
diesem Schaffen gegenüber,
und sichtbar werden menschliche Gestalten,
als Bilder voller Leben ziehen sie vorüber,
auch wenn vergänglich ist ihr Glanz,
den sie für kurze Zeit erhalten.

Großvater und Enkelkind

Noch suchst du Wärme und Geborgenheit,
indem du mir sehr nahe bist
und zu mir aufblickst voll Vertrauen.
Die Zeit verrinnt und nimmt uns fort,
die Wege mehr und mehr sich trennen.
Du musst nun zu dir selber finden,
wirst dabei dich von mir entfernen,
lässt mich zurück und insgeheim
im Herzen stille Wehmut,
und doch muss ich dich ziehen lassen.

Ich suche meinen Weg und du den deinen,
der eine wird dem Ende still entgegen gehen,
dafür du voll im Leben stehen,
zu zeigen uns wer du inzwischen bist,
die andre Stimme aber am Verstummen ist.

Puppen als Wegbegleiter

Und was wird mit den Puppen sein,
einst weich und anschmiegsam
in zarten Kinderhänden,
geliebt, gelebt, des ersten Kummers Trost,
doch dann verlassen und zurückgeblieben
als stumme Zeugen des Gewesenen?

Noch sind sie da,
von Wehmut still umgeben,
und die Erinnerung schafft ein Bild,
das wie ein Zauber früher Kindheit
aus glücklichen Tagen bleibt,
selbst dann, wenn in die Ferne ist gerückt,
was hoffnungsvolles Zeichen war,
dem Erdendasein anfangs einverwoben.

Traumerleben

Traumes Tiefe,
warmes Leuchten
rotgold,
wortlos Staunen
hat mich heimgesucht.

Wenn dies Bild
mir bleiben wird,
kann verborg'nes Licht
mein Wegbegleiter sein.

Ein Blick auf dich

Ein Blick auf dich
als du noch Kind warst,
treuer Unschuld hingegeben,
ein Blick, der mir erhalten bleibt,
auch später noch,
wenn du verlassen hast
das Land, das einst für immer
deine Heimat schien.

Ich rufe dich zurück,
auch wenn du nun
den Weg gegangen bist,
der nur noch manchmal
deine Spuren sichtbar macht.
Du schaust nach vorne,
doch das Bild steht fest,
wie du mit ersten Schritten
Sonnenland betrittst,
behutsam, zögernd fast,
von Licht umgeben.

Doch dann der Aufbruch
auf die Reise,
hinweg auf Erdenwegen,
die durch Höhn
und Tiefen führen werden.

Manchmal wähnt' ich noch
für einen Augenblick
in meinen Träumen,
es sei wie damals,
erwachend musste ich
jedoch erkennen,
dass alles was geblieben
der Blick auf dich als Kind,
wie anfangs ich beschrieben.

Das grüne Kreuz

Ein grünes Kreuz hab' ich
zum Leitstern auserwählt,
ganz wie von selbst
ist es zu mir gekommen,
hat was mich seither hat gequält
von meiner Seele fortgenommen.

Ein bleibend' Zeichen soll es sein
und künftig mir die Richtung geben,
auch wenn ich oftmals ganz allein
ein tiefes Dunkel muss erleben.

Und Wege werd' ich gehen,
die kann ich nicht erfassen,
und dann auch wieder Wunder sehen
und sie geschehen lassen.

Das grüne Kreuz,
es möge mich geleiten
und immer mehr mein eigen werden,
um einen müden Wanderer zu begleiten,
bis er einst Abschied nimmt auf Erden.

Ich werde nicht mehr sein

Die Dinge, die mich heute noch umgeben,
die werden alle nicht mehr sein,
wenn ich erwache dann
in einem neuen Leben,
um fortzusetzen meinen Weg,
jedoch in Zukunft ganz allein.

Und viele werden suchen mich
und finden nicht den Ort,
wo seither ich gewesen,
vertraut durch meiner Seele Licht,
verwandelt aber in ein ander' Wesen.

Sie kommen nahe mir
mit bittenden Gebärden,
in Sehnsucht liebender Gedanken,
die sie dem Dasein hier auf Erden
und treuen Miteinander danken.

Doch nun getrennt,
und wenn auch nicht für immer,
denn manchmal kann es sein,
dass wie ein ferner Sternenschimmer
ein helles Licht strahlt in die Welt herein,
um schließlich zu verbinden,
die sich am Ende wieder finden.

Lebensbuch

Wie viele Seiten werden es wohl sein,
bis unser Lebensbuch zu Ende ist?

Ich lasse die Gedanken rückwärts wandern
und staune, welches bunte Panorama
sich dann vor meinen Augen breitet.

Manchmal auch wird das Bedürfnis wach,
den Weg noch einmal ganz von vorn zu gehen
bis hin zur Seite, die ich aufgeschlagen habe,
es bleibt mir nicht mehr viel zu lesen.
Doch möge mir der Rest
ein kostbar hilfreich Zeichen sein,
für das was mich erwartet.

Ein Vorwärtsblättern ist mir nicht vergönnt,
ein ander' Wesen hat den Auftrag übernommen,
die Seiten, sie sind einzeln zugemessen,
bis hin wenn zugeschlagen wird das Buch,
um Platz zu finden in der große Reihe,
die alle ohne Unterschied vereint.

Rückschau

Schon so viel Jahre
führt der Weg dich
nun bis heute
treu deine Lebensbahn.

Indem du inne hältst
ist dir gegeben,
ein reiches Panorama
rückschauend zu erleben.

Und wie ein Wunder
wirst du dann empfinden,
wie Schicksalslinien
sich verbinden
zu einem dichten Netz,
und deine Lebensuhr
erkennen lässt
seither verborgene Spur.

So bist du
immer mehr geraten
auf diesen Höhenweg
in vielen Jahren,
einmaliges Erlebnis,
das du versuchst
auf Dauer zu bewahren.

3.
Die Nähe der Toten

Die Toten unter uns

Hinein in dieses Winterdunkel,
so waren sie erschienen,
unmerklich, schattengleich,
lautlos, einstige Gefährten,
gespürt, gefühlt in Augenblicken,
vertraut, von langher wohlbekannt,
doch nun als Wesen,
die drüben auf der andern Seite
im Weggehn ihre Richtung üben
für einen weiten Weg,
der außerhalb von Raum und Zeit
sie ihrem Ziel entgegenführt
und so noch nie gewesen.

Nun aber bleibend jener Teil,
den sie zurückgelassen,
in dem sie leben mitten unter uns
und nahe sind, wenn auch
auf so ganz andre Weise
als Glieder einer neuen Welt,
die weiter ist, unendlich größer
und dieses Erdenrund umgreift.

So scheinen sie zuhause
hier und dort,
und was uns heute noch
von ihnen trennt,
wird dereinst ohne Grenze sein.

Friedhofsallee

Ein Weg in weite Ferne,
gesäumt von hohen Bäumen,
weitausladendes Geäst,
gleich schützender Gebärde,
ruht über alledem.

Ein Mensch
verschwindend klein,
am Horizont der letzte Schritt
hinein ins Ungewisse,
das uns verborgen bleibt.

Wir werden einst wie er
am andern Ende stehn.
Doch vorerst folgt ihm
staunend unser Blick,
wie er hinübergeht
ganz unvermittelt
und Fragen lässt zurück.

Grablichter

Jede der Kerzen spricht für sich
vom Schicksal eines Einzelnen,
die Wahl desselben Ortes aber
hat Gemeinsamkeit geschaffen,
die schweigend sie empfängt.

In diesem Beieinandersein
wird höheres Walten spürbar,
das sie vereint,
mit hellem Leuchten
auf gleicher Stufe stehend,
die Zukunft zu erwarten.

Grabmale

Geburt der Vielfalt von Gestalten
und jede im Entgegenhalten
der Fülle Form uns zu verkünden,
in ihrem Reichtum zu verbinden,
was Herz und Hand für Dauer schafft
als Gipfel einer Meisterschaft,
die weiterlebt an vielen Orten
mit Zeichen, die geworden
ein Ankerplatz für still' Gedenken,
Gedanken der Erinnerung zu lenken,
dahin wo einst
den Abgeschiedenen gegeben,
des Daseins Freuden zu erleben.

Beim Betrachten einer Monographie des Kunstschmieds
Paul Zimmermann aus Pliezhausen / Kreis Tübingen

Bildnis eines verstorbenen Freundes
für Toni

Ein wundersames, zartes Leuchten -
sein Ursprung bleibt uns unbekannt -
macht sichtbar deines Wesens Mitte,
und dieser Lichtschein lässt erkennen,
wie du durch Abschiednehmen
gefunden hast ein neues Leben.

Und irdische Gestalt hat sich verwandelt
zum Zeichen eines Weges, der nun führt
dem einen Ziel entgegen,
nach dem du sehnsuchtsvoll auf dieser Erde
bis an dein Ende strebtest.

Auf einem Bilde legst behutsam
deine Hände du
auf eines Kindes Schulter,
das dir vertraut
und spüren darf in diesem Augenblick
die Nähe eines liebenden Herzens.

Totengedenken

Wie oft nun schon
hab' meine Verse ich gesendet
hinaus in jenes Land,
wo all die vielen Lieben
verwandelt ihre Wege gehen.

Es ist als ob sie sich
von langher kennten
und zueinander nun
gefunden hätten,
in Richtung auf das gleiche Ziel.

Für einen Menschen,
der einst Teil war meines Lebens,
sind sie entstanden, diese Verse,
und jedes Mal verteilt,
wenn wieder einer Abschied nahm.

Einst waren es nur wenige,
die zu mir kamen,
allabendlich auf Besuch,
um sich im Schein
der Kerze aufzuhalten und dann
an ihren Ort zurückzukehren,
nachdem wir still
für eine Weile beieinander waren.

Doch nun sind's mehr
und mehr geworden,
die mich besuchen wollen,
und immer schwerer wird es
jeden wahrzunehmen
und ihm in Gedanken
seinen Platz zu geben.

Schicksalsgefährten, Wegbegleiter,
und groß ist ihre Zahl.

Noch ist die Kerze nicht herab gebrannt,
ihr Licht brennt hell
für alle die da warten.
Doch was wird sein, wenn sie erlischt?
Sie nimmt mich mit in sich hinein,
zu gehn den Weg der vielen,
hinweg ins andere Land.

Zeichen des Trostes

Wie unvermutet deine Hand sich
auf meine Schulter legte,
kaum spürbar die Berührung,
hast du mir wortlos mitgeteilt
die Schwingung deines Herzens,
und Trauer unhörbarer Klage
ward eigenes Erleben.

Und so ist dieser Strom
feinherziger Empfindung
ein Brückenglied,
das brüderlichem Geist
ein sichtbar Zeichen setzt.

Stummes Leid

Dein Antlitz trägt die Spuren
tief verborg'nen Leids,
in seiner Stummheit
schwer zu tragen,
wo Sprache fehlt,
gefühltem Schmerz, erlebter Trauer,
den rechten Ausdruck zu verleihn
und Tränen still und unbemerkt
nach innen weinen.

So stehst du ganz allein für dich
inmitten einer reichen Flut des Lebens,
und ungehört bleibt
das Bedürfnis,
den andern davon mitzuteilen.

Liebe bleibt ein Brückenglied

Wenn Schmerz und Trauer
sich in stille Wehmut wandeln,
versteh' ich mehr und mehr,
was Abschiednehmen heißt,
nicht so wie einer sagt
Aufwiedersehn, vielmehr
das Weggehn in ein andres Land.

Ich schaue nach,
streck' meine Hände aus
mit hilflos irdischer Gebärde,
indem was weggenommen
den Weg geht ohne mich.

Die Trennung ist vollzogen,
doch Liebe bleibt ein Brückenglied,
gewachsen in der Zeit,
die vordem ist gewesen,
und so die Möglichkeit,
sich freudig zu begegnen,
wenn auch ganz anders
als mit Wunschgedanken,
die insgeheim wir in uns tragen.

Das ist dann
wie das Stehn an einer Grenze,
die nachzufolgen lockt.

Doch bleib' ich noch zurück,
und Sehnsucht ist mein Teil:
ein stilles Warten bis zum Übergang.

Der Tod und ich

Lautlos ist er
auf dem Weg zu mir,
er braucht nicht lang
nach mir zu suchen.
Er weiß die Stunde
meines Abschieds
ganz genau
und auch den Ort,
der vorbestimmt,
an dem sich
unsre Wege kreuzen.

Behutsam nimmt er
meine Hand,
und unsichtbar
für alle andern
führt er mich
in ein Land,
das bisher
fremd und unbekannt.

Dort wo ich stand
bleibt nun zurück
ein helles Bild,
das euch
begleiten wird,
auch wenn ich
nicht mehr bin.

Die Toten um mich

In dieser Nacht
seid ihr bei mir gewesen,
als ob ihr noch lebendig wärt,
und es war so wie immer,
nur eure Sprache
die einer andern Welt,
auch wenn die Zahl
der Lebensjahre sehr verschieden,
in seltener Gemeinsamkeit
ich mitten unter euch.

Vielleicht auch
hatte ich mich getäuscht,
indem auf umgekehrtem Weg
in euern Kreis ich eingedrungen,
die Nacht mich Wege gehen ließ,
für kurze Augenblicke zu erkennen,
wie über mir in jener Welt
die Toten sich sehr nah geworden
im Mit- und Beieinander,
das sie auf Dauer nun vereint
und manchmal nur im Traume
sich Hinterbliebenen zeigt.

Wir und die Toten

Im einen Brennpunkt der Ellipse
stehen wir,
und um uns ziehn
in weiter Umlaufbahn
die Toten ihre Wege.

Sie nähern und entfernen sich
in steter Wiederkehr.

So sind sie bei uns,
auch wenn als Lebende wir
sie oftmals sehr vermissen,
und Menschensprache
wird sie nicht erreichen.

Doch wenn Gedanken und Gefühle
selbstlos sie begleiten,
ist es gerade so,
als ob gemeinsam wäre beider Weg,
der schicksalsmäßig sie vereint.

4.
Lebensbedrohung und neue Hoffnung

Trügerischer Schein

Dunkle Mächte steigen hoch
aus unergründlich weiten Tiefen,
es ist als ob die Geister sie
bei ihrem Namen riefen,
die bisher im Verborg'nen ruhten
und nun mit einem Mal,
wie aus dem Schlaf erweckt,
die Umwelt überfluten,
mit Glitzerfunkeln, Lichtgebärden,
zu herrschenden Gefährten werden,
als Widerpart mit falschem Schein
verdunkeln wahren Sternes Sein,
der in sich birgt ein Hoffnungslicht,
den Kampf zu wagen,
der die Finsternis durchbricht.

Pandemiebedrohung

Ein unsichtbarer Feind ist uns erstanden,
sehr tückisch aufgetaucht an jedem Ort
und ausgebreitet hin in weiten Landen,
bedrohlich wirkend wie ein Weltenmord.

Das trifft nicht mich nur, dringt hinein in alle,
kennt keinen Unterschied, ob arm, ob reich,
es ist, wie wenn wir nun in einer Falle
entgegensehen einem sterbend' Reich.

Das macht, dass wir im Innersten besetzt
von Angst vor diesen unsichtbaren Mächten,
die nun in blinder Gier, was menschlich, ächten

und uns im tiefsten Inneren verletzt.
Vielleicht kann diese Seelenqual entbinden,
was wir als unsre Hoffnung wieder finden.

Gegenmacht

Die apokalyptisch anmutende Krise
einer globalen Krankheitsepidemie
ist Heimsuchung uns geworden,
und doch sind wunderbarerweise,
ungehindert und erneut,
die Lebenskräfte der Natur erwacht,
ein hoffnungsvolles Zeichen,
dass unser Weg noch nicht zu Ende,
auch wenn er Menschen
durch ein Chaos führt,
und ungeachtet dessen
unsere Hoffnung bleibt,
das andere Ufer auf der Gegenseite
verwandelt zu erreichen,
um einen Neubeginn zu wagen.

Der Töne Wohllaut

Es ist als hörte ich von ferne singen
ein altes Lied, das einst vertraut mir war,
und mit ihm hebt erneut nun an zu klingen:
der reinen Töne Wohllaut wunderbar.

Und wie sie jetzt vom andern Ufer künden,
vertraute Botschaft, die in mir entstand
und Wege ging, um später zu verbinden,
was auf dem Rückweg dann Begegnung fand.

Das macht, dass ich sehr froh und glücklich bin
und mich still lauschend diesem Klang hingebe,
dabei ein neues Hören so erlebe.

Erschlossen hat das Echo diesen Sinn
und wird begleiten mich in weite Ferne,
fast möcht' ich sagen bis ins Reich der Sterne.

Empfangen und Zurückgeben

In der Hoffnung Wortgeheimnis zu erfassen,
musst, still geworden, du geschehen lassen,
die Himmelsbotschaft zu empfangen,
der seither galt dein sehnliches Verlangen.

Und oft noch wirst du folgen müssen
dem Klang der Worte,
die ihren Inhalt dir verkünden
und sich mit deinem Seelenohr verbinden.

Dort führen sie ihr eigenes Leben,
bereit Empfangenes zurückzugeben
als Zeichen eines Weges der berufen,
die höheren Welten wieder aufzusuchen.

Zukunftshoffnung

Noch immer sind wir auf dem Weg dorthin,
wo alle Menschen Brüder sind.
Ob wir dies Ziel jemals erreichen,
bleibt bisher noch verborgen,
doch Sehnsucht hält uns fest,
wenn wir vertrauen einem neuen Morgen,
so wie er seither nie gewesen ist,
und Hoffnung lebt auch fernerhin,
weil sie dem Menschen innewohnt,
auch dann wenn uns Zerstörung droht
durch Hass und Gier und Machtgelüste,
die krankhaft uns den Blick verblenden,
wo leuchtend Morgenrot uns kündet
das Werden einer Gegenwelt
und so entzündet
ein gegenseitig Anerkennen,
das Herrschaftsanspruch lässt entbehren,
indem wir höhere Macht verehren
als Rettungsanker einer kommenden Zeit.

Irgendwann

Wenn eine Welt
Brüderlichkeit garantieren könnte -
ja dann … .

Wenn eine Welt
die Menschen so
einander näher brächte -
ja dann … .

Wenn eine Welt
Neid, Missgunst und Machtgier
immer geringer werden ließe -
ja dann … .

Dann würden wir uns
zu einem neuen Inhalt bekennen,
ohne dass wir
ärmer geworden wären,
wenn dieser Zeitpunkt einträte -
Irgendwann … .

Wir blickten frohen Mutes
in des Andern Augen ohne Scham
Irgendwann … .

Wir bräuchten kein
ungutes Gefühl zu haben
als hätten wir etwas versäumt -
Irgendwann … ,

und eine so ganz andere Macht
herrschte weltweit dann,
indem wir uns durchringen
zu diesen Zielen -
Irgendwann … !

5.
Wegende und Abschied

Wegbegleitung

Winterlandschaft,
kahler Baum,
blattlos, einsam.

Zwei Menschen
auf dem Weg, wohin?
Ins Offene, Ungewisse,
oder heimwärts gar,
vielleicht nach Haus?

Wegbegleiter, Zweisamkeit,
doch wer begleitet wen?
Das ist zunächst
nicht zu erkennen,
doch sind sehr nah
die Beiden sich
in diesem Augenblick.

Der eine geht voraus,
der andere wie behütend
und ihn berührend hinterher,
als stumme Weggefährten,
und mit begrenzter Zeit.

Winterlandschaft,
kahler Baum,
zwei Menschen einsam
auf dem Weg,
und bald wird er
den einen führen
hinaus aus dieser Welt.

Dein Weg

Zahllos sind die Wege,
die sich vor dir auftun,
doch einer nur ist
dir beschieden
den Ort zu finden,
der die Heimat sein wird
künftiger Tage.

Erkenne dich selbst
und so die Richtung,
mehr und mehr die deine,
wenn nun das Ende naht.

Du wirst Teil
des großen Ganzen sein,
der dich vereint mit allen,
die vorausgegangen,
wenn Erdenleben sich vollendet.

Seelenweg

Wie leicht doch,
einem Lufthauch gleich,
strebt deine Seele aufwärts,
weit empor,
dem Himmelsraume
sich vermählend,
wenn nun die Erde
sie verlässt,
gestaltlos, unsichtbar,
doch Teil schon dieser Welt,
der sie entgegenstrebt
und sie empfangen wird
in lichten Höhn.

Staunend, fragend stehen wir
und können es nicht fassen,
wie seither Leben
sich verwandelt.

Luftgeister sind es,
die ihr auf dem Weg begegnen
und Zeugen sind im Übergang
von Erd- in Himmelssphären,
wenn Menschenwesen
ihre neue Heimat suchen.

Zwischenstadium

Es ist bisweilen
wie ein leichtes Schweben,
das dich hinwegnimmt,
wenn dein Weg dem Ende naht,
gleich einer Ahnung,
dass die Zeit des Abschieds
bald gekommen und
Erdenschwere überwinden wird.

Noch spürst du sie
im täglichen Erleiden,
doch auch die Hoffnung,
dass der Tisch bereitet ist
und dich zum Gast macht
mitten unter ihnen,
die einstmals deine Weggefährten.

Angekommen am großen Ziel

Es scheint, als ob nach einer langen Reise
du angekommen wärst am großen Ziel
und bist getaucht ganz unvermerkt und leise
hinein in dieses Farbenspiel,

da Licht und Dunkel sich die Hände reichen,
und vor dir liegt das Meer unendlich weit,
das Ende suchst du, kannst es nicht erreichen,
weil außerhalb von Raum und Zeit

das andre Ufer liegt, und jenes Land
dir fremd noch ist, wo solche Wesen leben,
die schwerelos durch deine Träume schweben.

Dein Schicksal hat dich nun hierher gesandt;
wenn dunkle Schatten sich mit Licht verbinden,
magst du den Weg zur ew'gen Heimat finden.

Hinübergehen

Ich sehe dich den Weg zu Ende gehen,
den einen langen ohne Wiederkehr,
und bald wirst du am andern Ufer stehen,
ich spüre, deine Last ist fast zu schwer,

das letzte Ziel in Freiheit zu erlangen,
um dann befreit mit Leichtigkeit
Erfüllung schenken sehnlichem Verlangen
und abzustreifen, was so lange Zeit

dir Inhalt war als deines Lebens Sinn,
nun aber Richtung wechselt im Beenden
und Mut gibt dich nach vorn zu wenden,

zurückzulassen was dir wichtig schien,
und du erkennst mit andern neuen Augen
die ird'schen Dinge, die jetzt nicht mehr taugen.

Abschied

Mich dünkt, als ob ein fernes Meeresrauschen
dir Kunde gibt von jener andern Welt,
die nah dir ist, und bald wirst du vertauschen
das Lebenskleid, wenn nun der Schleier fällt.

Und Blicke werden uns zu stummen Zeichen,
so groß und weit und über uns hinaus,
vergebens suchen Hände zu erreichen,
was nun verlassen will das Erdenhaus.

Sehr leise ist der Abschied vorbestimmt,
behutsam lenkt ein Wesen deine Schritte,
der Weg, er führt hinaus aus unsrer Mitte,

indem er deine Spuren mit sich nimmt.
Ein stilles Leuchten rückt an dieser Stelle
dein Bild in uns in ungeahnte Helle.

Übergang

Ich trete still heraus aus diesem Kreise,
der ewig weiter schwingt und dann entgleitet;
auf bisher mir noch unbekannte Weise
führt mich der Weg, von lang her zubereitet.

Wie einer Schritte lernt, um neu zu gehen,
und Spuren hinterlässt, die nie gewesen,
so schreite ich und bleibe manchmal stehen
und schaue dieses Land gleich einem Wesen,

das näher kommt mit mancherlei Gestalten
und ihren unaussprechlichen Gebärden,
den Weg zu zeigen, der einmal soll werden.

Ich gehe weiter ohne anzuhalten;
das Ziel rückt näher und des Lebens Ende.
Du spürst, du stehst vor einer großen Wende.

Am Ende

Es scheint, als gingen Wege hier zu Ende,
wo Raum und Zeit zu einem großen Wort
sich finden und an diesem einen Ort
ein Zeichen setzen, wie vor einer Wende,

da Nacht dem Tage folgt und aus den Tiefen
dem Wartenden ein neues helles Licht
wie nie zuvor aus jenem Dunkel bricht,
da Geister sind, die uns beim Namen riefen.

Wir alle gehen diesen Weg allein,
durch Einsamkeit, verzagt und ganz verlassen,
die Brücke trägt, doch niemand kann es fassen,

wenn wir hinübergehn ins andre Sein,
wo jene warten, die vorausgegangen,
um uns als ihresgleichen zu empfangen.

Inhaltsangabe

Weitere Werke von Wolfgang Rinn:

Weg ins andere Land

Gedichte, 2018
ISBN 9783748149972, Paperback, 5,90 €

Das Geschehen an der Weihnachtskrippe

Bilder und Gedichte 2018
ISBN 9783748152132, Paperback 5,90 €

Geflügelte Wesen / Bewohner der Lüfte

Vogelgedichte, 2017
ISBN 9783746062532, Paperback 9,90 €

Kreuzweg in 15 Stationen
in der Bonifatiuskapelle in Metzingen/Württemberg

Meditative Bildbetrachtungen, 2017
ISBN: 9783744868815, Paperback 9,95 €

Wortblumen

Gedichte, 2014
ISBN 9783746062532, Paperback 8,90 €

Silser Tagebuch

Erinnerungen und Begegnungen, 2012
ISBN 9783848254316, Paperback, 3,90 €

Jedem sein eigenes Tempo

52 Tiergedichte für Jung und Alt, 2011
ISBN 9783842376939, Paperback 8,90 €

Wortblüten

Gedichte, 2009
ISBN 978-3-8391-4141-0, Paperback 8,90 €

Alle erschienen bei Books on Demand